SOUVENIRS D'ADOLESCENCE

MES RELATIONS
AVEC Mgr DUPANLOUP

PAR

GABRIEL MONOD

PARIS

LIBRAIRIE FISCHBACHER

33, RUE DE SEINE, 33

1903

SOUVENIRS

D'ADOLESCENCE

SOUVENIRS
D'ADOLESCENCE

MES RELATIONS
AVEC Mgr DUPANLOUP

PAR

GABRIEL MONOD

PARIS

LIBRAIRIE FISCHBACHER

33, RUE DE SEINE, 33

1903

SOUVENIRS D'ADOLESCENCE

MES RELATIONS AVEC Mgr DUPANLOUP

LETTRES INÉDITES

On trouvera, dans les pages qui vont suivre,
l'histoire de mes relations momentanées avec
un des grands éducateurs du xixe siècle, Mgr
Dupanloup, et en même temps celle de l'évolution de mes idées religieuses, de 1861 à
1865. Mgr Dupanloup m'a écrit des lettres qui
m'ont paru mériter d'être conservées, car elles
nous le montrent dans son rôle de directeur
de consciences et d'apôtre. J'ai cru, d'autre
part, que les fragments de ma correspondance
et de mon journal pouvaient offrir quelque intérêt, car l'évolution par laquelle j'ai passé a été
celle de beaucoup d'hommes de ma généra-
tion ; les idées qui ont germé en moi, malgré
moi, se sont manifestées chez beaucoup d'autres, et je retrouve dans mes lettres à mes
parents, écrites de 1861 à 1863, comme un

pressentiment des conceptions religieuses exposées plus tard, avec tant de netteté et de puissance, par Auguste Sabatier, qui était à peu près mon contemporain (1).

J'ai eu le privilège, au moment où j'ai quitté la maison paternelle, en octobre 1860, à l'âge de seize ans et demi, de trouver un second *home* à Paris, dans la maison de M. Edmond de Pressensé, et d'y avoir comme précepteur M. Charles Babut, comme compagnon d'études Tommy Fallot. Je remplirais un volume, si je voulais dire ici quelle profonde et bienfaisante influence exerçaient sur tous ceux qui les approchaient M. et Mme de Pressensé, l'intensité de la vie intellectuelle et morale dont ils étaient le centre. J'ai passé sous leur toit deux années incomparables, dans une disposition constante d'enthousiasme et de ferveur; enthousiasme pour les idées, pour la poésie, l'art, la philosophie, la politique; ferveur au travail, ferveur religieuse, ferveur de charité. Cette ferveur même eut pour résultat tout naturel de produire chez moi une crise de la foi. J'avais reçu une éducation profondément

(1) Il est inutile, je pense, de dire que je n'ai pas changé un mot au texte de ces lettres. On en excusera les incorrections ; on ne se formalisera pas de ce que l'expression de ma pensée peut avoir de juvénile, d'exubérant et de tranchant.

pénétrée de piété, et des croyances simples et fortes de l'orthodoxie d'alors, celles qu'Adolphe Monod avait inspirées à toute sa famille. J'avais accepté ces croyances, telles que je les avais reçues, sans les examiner, mais sans y apporter ni élans mystiques, ni l'ardeur d'une conviction personnelle. Je me trouvais tout à coup transporté dans un milieu où toutes les idées que j'avais considérées comme incontestées, sinon par les incrédules, étaient discutées, remises en question, non pas au nom du rationalisme, mais au nom d'un protestantisme plus libre et moins intellectualiste, qui s'inspirait à la fois de Schleiermacher, de Baur et de Vinet. M. Babut, qui venait d'écrire la thèse où il réduisait à quatre les épîtres authentiques de saint Paul, et qui avait pour amis intimes MM. Schwalb et Steeg, que je connus alors, représentait dans notre petit cercle l'opinion la plus avancée ; mais M. de Pressensé, dont la Revue de théologie se tenait à égale distance du rationalisme des Schérer et des Colani, et de l'orthodoxie de MM. Gaussen et Grandpierre, tout en restant attaché aux dogmes essentiels et à la conception surnaturelle du christianisme, acceptait sans crainte le libre examen de toutes les doctrines, et nous entraînait tous par l'ardeur de sa parole et de sa conviction. Je me trouvai bientôt tout à la fois animé d'une ferveur religieuse que je ne m'étais jamais connue et du besoin impérieux d'examiner à nouveau toutes mes croyances, de me faire une foi et un *credo* personnels.

Voici la lettre que j'écrivais à mon père, le 16 janvier 1861, et qui résume tout le travail religieux qui s'était fait en moi :

« M. de Pressensé nous a lu une lettre de M. Lèbre, sur le doute. Il montre la différence qui existe entre le doute élevé, le doute qui amène la tristesse selon Dieu (ce vent du doute qui, comme le disait si bien M. Coulin l'autre jour à S¹ Lazare, est souvent le précurseur du vent de la grâce), et le doute orgueilleux, qui n'est pas une recherche désintéressée de la vérité, mais l'envie de faire un système nouveau, de se séparer de la foule, d'être un esprit fort. Puis il développait admirablement tout ce que peut produire en nous ce doute bienfaisant; comment c'est par l'amour seul de Jésus qu'on peut trouver la foi; que c'est lui qui, au milieu des ruines de nos anciennes croyances, nous tend une main secourable et nous dit : « Crois seulement et tu seras sauvé. »

Il disait quelle devait être la ligne de conduite du jeune homme qui cherche encore sa foi.

« Il faut, dit-il, s'occuper de religion avant de s'occuper de théologie. »

Voilà le véritable précepte. « Mais, dit-il, il faut s'éclairer cependant, car souvent les doutes de l'intelligence sont un obstacle à la foi. »

Comme a dit si bien M. de Pressensé, Lèbre

n'était pas un de ces chrétiens béats qui prennent la paresse de l'intelligence pour de la fidélité. Il connaissait ces épreuves de la foi, qui, si on y apporte un *cœur sincère, ont plus de douleur que de. péril*. Le protestantisme et le catholicisme disparaîtront de la terre. Il n'y aura plus qu'une Église universelle, qui, supprimant les vieilles formules, celles des conciles de la primitive Église, comme celles de la Réforme, élargira le christianisme en le purifiant. Le seul dogme sera le salut par J.-C. La croix, voilà le fond du christianisme ; l'amour pour Christ, voilà notre profession de foi.

J.-C. qui se donne à nous, et nous qui nous donnons à lui, voilà le véritable christianisme. Voilà le fondement de notre foi. Le reste, l'inspiration plus ou moins littérale des Ecritures, la Trinité, la divinité plus ou moins complète de J.-C., sa subordination plus ou moins grande au Père, le rétablissement final ou les peines éternelles, est laissé à la conscience de chacun. Être convaincu de ses péchés, se croire sauvé par J.-C., cela suffit pour être chrétien. C'est ce que disait saint Paul : « Je ne sais qu'une chose, J.-C., et J.-C. crucifié. »

Ce que je te dis là, c'est l'idée que je me fais, à l'heure qu'il est, du christianisme. Suis-je dans le vrai ? je ne sais, mais j'ai voulu, puisque nous ne pouvons nous parler, au moins t'écrire mes pensées. Peut-être changeront-elles plus tard en quelque manière, mais il y a une chose que je ne changerai pas. Si quelques modifications s'opèrent pour moi dans le détail du christianisme, le fond ne changera pas.

Le sentiment de ma complète indignité par moi-même, le sentiment de ma dignité retrouvée par J.-C., voilà ma foi. Je n'ai posé que le premier jalon de mes croyances, mais le fondement sur lequel je bâtis est plus solide que le roc, ce jalon est plus dur que le fer. Aimer, aimer, voilà vivre. Eh bien ! je veux vivre, et je vis. Te souviens-tu de *cette belle parole de Vinet :* « Quand vous auriez l'orthodoxie la plus complète, si vous n'avez l'amour, vous n'avez rien. »

Le Dieu qui est amour, ne demande de nous que l'amour.

Je te fais ici cette exposition sincère de mes sentiments, parce que tu as peut-être été effrayé au Havre de ce que mes idées pouvaient avoir de négatif et de tranchant, mais écoute :

Au Havre, je lisais la Bible tous les soirs, mais sans entraînement; j'oubliais aussitôt ce que j'avais lu.

Ici, je la lis tous les soirs, mais en y réfléchissant, en priant tout en lisant, et plus d'une fois je me suis oublié à lire plus longtems que je n'aurais dû.

Au Havre, je priais, mais je ne priais avec ferveur que de temps en temps, et encore l'impression était-elle passagère. C'était presque toujours la même prière. Ici je prie avec ferveur, de toute mon âme presque toujours.

Au Havre, j'allais à l'Église par devoir, ici par plaisir.

D'où vient que la Bible a tant d'intérêt pour moi, que la prière a tant de charme ?

Voici d'abord ce que je pense sur la Bible :

La Bible est le fondement historique de notre foi, elle n'en est pas l'expression.

Le cœur de chaque homme est différent, aussi notre foi n'est-elle ni celle de Paul, ni celle de Jean, ni celle de Pierre. La Bible est non un maître, mais un guide. Elle nous conduit à la source de la vérité, sans être elle-même la vérité parfaite, car il n'y a pas de vérité parfaite sur la terre. Son rôle est de nous montrer J.-C., de nous le faire connaître, et alors c'est entre lui et nous que s'établit le lien, non par la Bible, mais par l'Amour.

Voilà pourquoi j'ai cherché avec ardeur J.-C. dans la Bible, et je l'ai trouvé, et l'ayant trouvé, je puis le prier du fond de l'âme.

Que ces doctrines ne t'effrayent pas, cher père. Je ne les ai pas prises au dehors, mais en moi ; seulement des circonstances étrangères ont produit ce résultat.

Quand je suis parti du Havre, j'avais de la foi, mais une foi d'enfant, inconsciente. Aussi, à peine arrivé, à peine ai-je commencé mon instruction religieuse, à peine avais-je quelques fois causé avec Charles et Madame de Pressensé, que j'ai senti une brèche se faire à ma foi ; elle s'est agrandie, l'abîme a ouvert un autre abîme, et, te le dirai-je ? j'ai prié un jour en disant : « Mon Dieu, si tu existes, rends-moi la foi en toi. »

Puis sous l'influence de M. et Mme de Pressensé, de Charles aussi, en grande partie, j'ai retrouvé la partie positive du christianisme. Un sermon de M. de Pressensé sur Jacob et un article de Schérer

sur la Bible, m'ont fait le plus grand bien ; le premier
en commençant à me révéler mon péché, l'autre en
commençant à me faire aimer la Bible. Quand je
vous ai vus au Havre, j'étais encore indécis, mais
cependant je commençais à croire. Enfin ici ma foi
a tout à fait pris le dessus. Mais, pendant deux
jours, après mon arrivée, j'ai été d'une tristesse
comme jamais je n'en ai eu dans ma vie.

Mme de Pressensé a eu une grande part dans le
retour de ma sérénité ; puis, après une conversation
avec M. de Pressensé, j'ai retrouvé tout mon
bonheur et plus que celui que j'avais avant.

J'ai moins de croyances qu'autrefois, mais j'ai
plus de foi. Avoir perdu la Trinité, l'inspiration
littérale, pour trouver J.-C., n'est-ce pas un bel
échange ?

Voilà ce qui s'est produit en moi. Est-ce conver-
sion ? Du tout. Je n'y crois point, aux conversions.
C'est affaire, souvent, d'imagination ; ceci c'est
d'esprit et de cœur.

Je crois que les conversions sont des faits extrê-
mement rares. La vie est toute entière de progrès
et de reculades. Heureux celui chez qui le progrès
prend le dessus ! Peut-être l'impression que j'ai dans
ce moment-ci s'effacera-t-elle en partie, mais le fond
ne peut changer. En tous cas, cher père, sois sûr
que je t'écrirai mes pensées, quelles quelles soient,
bonnes ou mauvaises. Si même il pouvait m'arriver
de douter un jour de la sainteté de J.-C., eh bien !
je te l'écrirais, plutôt que d'être caché de toi. Mais
tu pourras dire, ce jour-là, que ton fils Gabriel a le
cœur brisé, et, sans que pour cela je veuille juger

ceux qui ont perdu cette vérité fondamentale de tout christianisme, tu pourras dire que ma moralité sera profondément blessée, et alors je ne sais pas dans quel abîme je tomberai.

Souvenons-nous des belles paroles de Schérer : « Moïse, Josué, Samuel, David, Salomon, Esdras, Isaïe, Étienne, Paul, Pierre, sont les anneaux de la chaine sacrée qui relie la terre aux Cieux, et sans laquelle notre monde irait à la dérive dans les solitudes glacées de l'irréligion et du matérialisme ; et au milieu d'eux tous, se dresse, sereine et sanglante, la tête du crucifié. »

Quelques mois après, j'écrivais encore :

La Bible a pris une tout autre valeur pour moi, depuis qu'elle a pris un caractère plus humain. Je me figurais auparavant qu'elle avait été comme dictée par Dieu ; je donnais au Cantique des Cantiques la même inspiration qu'à l'Évangile de saint Jean. Aussi je me disais : « C'est Dieu qui parle. Ceci me choque, tant pis, passons. Ceci est beau, qu'y a-t-il d'étonnant ? c'est Dieu qui parle. Je ne comprends pas, tant pis ; pourquoi chercher à comprendre ? C'est le livre écrit par Dieu ; je le lis comme devoir, matin et soir, acceptant tout. » Mais quand j'ai réfléchi là-dessus, quand j'ai vu que nulle part dans la Bible, ces écrivains n'ont cru tout recevoir de Dieu ; qu'ils ont chacun leur originalité propre ; que c'est bien de leur esprit que sont sortis leurs ouvrages, mais de leur esprit instruit par Jésus-Christ et éclairé par une grâce spéciale de

Dieu, grâce que nous ne pouvons plus avoir et dont nous n'avons aucune idée, oh ! alors, la Bible s'est revêtue, à mes yeux, d'une beauté incomparable. Le Cantique des Cantiques ne dit rien à mon âme. Eh bien ! je ne me tourmente pas de savoir comment il a été écrit, et il m'est impossible de le lire pour mon édification. Mais, que j'ouvre saint Paul ou saint Jean, que je sente battre le cœur de ces apôtres, que je voie les luttes de ces hommes dévorés du zèle de la maison de Dieu, et lançant dans le monde une conception de la vérité, supérieure à toutes celles qui ont jamais paru et qui paraîtront jamais, alors, c'est avec admiration et respect que je me penche sur ces pages sacrées, où je trouve des hommes qui avaient reçu de Jésus même leur doctrine et l'esprit de Dieu qui vivifie tous leurs discours. Rien ne me choque plus, et ma conscience adopte, par une adhésion libre et volontaire, ce à quoi autrefois elle se soumettait aveuglément. Qu'on ne me dise pas que c'est là une hérésie ; non, car c'est en prenant la Bible pour docteur que je suis arrivé à cette idée. Je crois que c'est ainsi que les apôtres entendent ou font entendre l'inspiration, et je crois que, surtout sur ce point, c'est la Bible seule qu'il faut suivre. La Bible est ma règle ; tous les soirs je la lis avant de m'endormir. Si je suis triste, elle me console ; si je suis gai, elle me rend sérieux ; si je suis faible, elle me fortifie ; si je me crois fort, elle me rappelle ma faiblesse. Aussi je l'aime ; car maintenant que de liens de plus entre elle et moi, puisque ce sont des hommes comme moi qui l'ont écrite, sans perdre sa grandeur,

puisque Dieu l'a inspirée ! Par là j'apprends à aimer
les apôtres, et j'apprends à aimer Dieu. La Bible
était trop haut pour moi auparavant. Maintenant,
c'est elle qui me mène à Christ, et Christ qui me
mène à Dieu, son Dieu et son père, mon Dieu et
mon père.

Mes parents, dans leur tendresse perspicace,
tout en se réjouissant de voir les préoccupations
religieuses prendre tant de place dans ma vie,
s'effrayaient. Ils sentaient bien, entre les lignes,
l'allégresse d'un esprit juvénile qui a brisé les
formes dans lesquelles il avait été enfermé ; ils
prévoyaient que la critique à laquelle je sou-
mettais les textes sacrés et les dogmes allait
m'entraîner bien plus loin que je ne le soup-
çonnais. A mes enthousiasmes se mêlaient des
incertitudes pénibles. « Je me fais, écrivais-je
à ma mère, deux jours plus tard, une certaine
idée de la nature de l'inspiration et de J.-C.;
je crois que c'est la vérité, mais je n'en suis
pas certain. » Tout contribuait à accroître ces
incertitudes ; l'amitié de Steeg, alors pasteur
à Libourne, dont j'admirais l'ardente charité
et l'esprit à la fois profond et délicat, et dont
la correspondance m'entraînait vers le protestantisme libéral ; la classe de philosophie de
M. Janet, où j'entrai en octobre 1862, et où
j'agitais tous les problèmes métaphysiques,
sous la direction d'un maître assurément très

prudent, mais qui me faisait admirer en lui
le rationalisme dégagé de toute foi religieuse ;
l'influence même de M. de Pressensé, qui, prenant toujours pour base de son apologétique
le mot de Tertulien : *Testimonium animæ natu-
raliter christianæ,* me faisait involontairement
considérer le christianisme comme une pro-
duction de l'âme et de l'esprit humain. Nous
avions, tous les samedis soirs, chez lui, des
réunions littéraires et philosophiques, auxquelles prenaient part MM. Bersier, Hollard,
E. de Guerle, P. Stapfer, A. Leroy-Beaulieu,
F. Buisson, etc. Toutes les questions y étaient
discutées avec la plus entière liberté, et ces
discussions laissaient des traces profondes
dans nos esprits. A l'occasion d'un rapport
sur « la consolation dans l'antiquité », s'en-
gagea entre mon père et moi une longue
correspondance, où il cherchait à me faire
admettre la nouveauté absolue de la Révélation
chrétienne, où je soutenais au contraire que
« l'antiquité, par elle-même ou plutôt par cette
lumière divine *qui éclaire tout homme qui
vient au monde,* comme dit saint Jean, a su,
dans les afflictions, trouver des consolations
dignes d'hommes *nés pour de plus grandes
choses que les choses de cette terre,* comme dit
Sénèque ». Mon père mettait en regard les
consolations chrétiennes avec « les pauvres

consolations de l'antiquité ». — « Oui, pauvres,
lui répondais-je, mais belles pourtant. Oh !
j'avoue qu'il n'y a rien qui fasse battre mon
cœur comme quand je vois dans l'antiquité
les éclairs de cette lumière que Dieu a mise
en tout homme, cette communication de Dieu
avec l'homme en dehors du christianisme,
vérité que Paul a exprimée à Athènes et qu'il
répète dans les *Romains* avec une incomparable
éloquence. Qu'il serait beau de montrer, dans
l'histoire, cette préparation de l'âme humaine
déchue, pour recevoir le christianisme ; puis le
Christ apparaissant pour répondre à toutes les
aspirations de nos âmes, pour consoler toutes
nos douleurs, pour effacer tous nos péchés, et
l'humanité régénérée passant de la justice à
la grâce, de la loi à l'amour, marchant vers
son but, l'union avec Dieu en J.-C., pour être
un avec Dieu, comme J.-C. est un avec lui ! Si
Dieu m'accorde la grâce de posséder un talent
capable de toucher à ces hautes vérités, je
voudrais faire accorder l'histoire et la révélation, montrer que la vraie philosophie de
l'histoire, c'est la philosophie de la Rédemption.
C'est bien ambitieux, je l'avoue, mais ce serait bien beau. » (13 février 1862.) Mon père,
plus clairvoyant sur moi que moi-même,
prévoyait qu'après avoir abandonné la théo-
pneustie, le péché originel, la divinité absolue

de J.-C., le dogme de l'expiation, j'arriverais à considérer la Rédemption comme un fait historique, psychologique et moral, non comme un fait surnaturel. Je lui énumérais, en effet, complaisamment, toutes les incertitudes, toutes les contradictions auxquelles on arrive en cherchant à appuyer sur des versets de l'Ecriture des dogmes dont aucun ne s'y trouve formulé. — « Que faire donc ? lui disais-je. Faut-il se contenter des enseignements de J.-C. lui-même : Aimer Dieu et ses frères ? Ah ! si nous le pouvions vraiment, ce serait tout. Mais nous ne le pouvons que par Jésus-Christ. Ce Jésus-Christ, je le possède bien par le cœur, mais mon esprit veut se faire une idée de sa nature, de ses rapports avec Dieu, avec nous, avec le mal, de son rôle dans l'humanité, dans l'individu. Arriverai-je au vrai absolu ? Non, mais j'entreverrai peut-être quelque chose de la vérité. Ah ! je voudrais, comme dit saint Paul, chercher Dieu d'un cœur pur. Comprends-tu maintenant pourquoi les vérités de l'ordre moral sont pour moi le tout, le garant que j'arriverai à la vérité, que Dieu me la fera connaître tôt ou tard ? C'est que ce sont elles qui gardent le cœur pur. « Heureux ceux qui ont le cœur pur, car ils verront Dieu. » (16 mars 1862.) — « Les idées résultent de l'éducation, de l'époque où l'on vit, de la nature du caractère. Il y a bien des manières de comprendre le christianisme ; il n'y a qu'une manière d'aimer le bien, c'est de chercher à réaliser cette belle parole du Christ : « Soyez saints comme je suis saint. » (30 mars 1862.)

J'entrai à l'École normale, en novembre 1862. L'École normale acheva de me détacher des croyances chrétiennes positives, un peu par l'influence de mes camarades et de deux hommes éminents que j'appris à connaître alors, Michelet et Schérer, mais surtout par l'action décisive de l'étude de l'histoire et le développement de mes instincts critiques. Toutefois, non seulement je n'abandonnai rien des pratiques pieuses de mon enfance, redoutant de les abandonner par respect humain, mais je me demandai si je n'avais pas livré mon esprit à trop d'influences diverses, à des lectures incohérentes, et d'autre part si l'histoire, cette histoire qui devenait le cadre habituel de ma pensée, ne me révèlerait pas quelque chose sur les vérités philosophiques et morales. M'éloignant du protestantisme, je me reprochais de n'avoir vu le vrai christianisme que dans la Réforme, de n'avoir pas donné sa place légitime, dans mes conceptions, au catholicisme, de n'y avoir pas vu l'héritière

naturelle et bienfaisante de l'Église des trois
premiers siècles. « Mendelssohn, écrivais-je à
ma mère, a senti dans toute sa profondeur
l'antique sentiment catholique, ce grand sou-
venir du temps où le drame entier de la vie de
l'homme et du monde se passait dans l'Église.
Je ne sais rien de plus grand que l'Église du
moyen âge, du vi^e au xiiie siècle ; voilà le plus
beau moment du christianisme. Au xive siècle,
le monde et l'Église se séparent. La Réforme
elle-même ne les réunit pas, et la scission, dès
lors, devient de plus en plus profonde, la foi
devient opinion. On a des opinions religieuses
comme on a des opinions littéraires ou poli-
tiques. » De plus, en 1863, les catholiques
étaient en lutte avec l'Empire que je haïssais ;
ils étaient les défenseurs de la cause polo-
naise, pour laquelle j'aurais voulu combattre.
Je me pris donc à lire les écrivains catholiques, Gratry, Montalembert, Cantù, voire
même Donoso Cortès ! Je me préoccupais
beaucoup du problème de l'éducation, puisque
je devais être professeur. Je lus le gros ouvrage
de Dupanloup sur l'Éducation, et j'y trouvai
une promesse qui répondait à une de mes
préoccupations favorites : il y annonçait un
plan de lectures qui serait en même temps un
programme d'études. Je lui écrivis, en mars
1863, pour lui demander quand paraîtrait ce

plan de lectures, et je lui disais en même temps que mon désir n'était pas dicté par un motif purement pédagogique, mais aussi par la volonté de reviser méthodiquement mes idées religieuses, d'affermir en moi, en les rattachant à une vue générale de l'histoire, les conceptions chrétiennes qui me restaient, et de mieux comprendre le rôle du catholicisme dans l'histoire. L'évêque d'Orléans me répondit le 30 mars 1863 :

« Monsieur,

» Je suis très touché de votre bonne lettre, et j'y aurais de suite répondu, si je n'avais pas été absent d'Orléans. Non pas que je sois en mesure de répondre en ce moment à toute votre bonne et aimable confiance, mais je vous aurais du moins remercié sans retard.

» Le fait est que depuis plusieurs années déjà j'ai voulu remplir ma promesse et tracer le plan d'études et de lectures dont vous me parlez. Et puis le triste état de ma santé et l'accablement de mes affaires ne me l'a pas permis. Je dois dire néanmoins que votre lettre m'est arrivée au moment même où je m'occupais de ce travail; mais je l'ai trouvé beaucoup plus considérable que je ne le prévoyais, ou du moins je me suis laissé entraîner à remplir un plan assez étendu.

» Au milieu de tout cela sont venus d'autres grands travaux, en ce moment la Semaine sainte, etc.

» J'espère, toutefois, ne pas tarder bien longtemps à vous envoyer, plus ou moins fait, ce que vous désirez.

» Laissez-moi vous dire de nouveau combien je suis particulièrement touché de votre bonne et loyale confiance. Je demande à Dieu de vous bénir, de faire de vous un vrai et généreux chrétien, et je le demanderai avec plus de confiance encore à Notre Seigneur pendant cette sainte semaine.

» Croyez à tous mes plus dévoués sentiments,

» † FÉLIX, Evêque d'Orléans.

» S'il pouvait entrer dans vos pensées de causer quelque jour avec moi du grave intérêt qui vous préoccupe, et sur lequel mon livre de l'Éducation vous a porté à me demander un conseil, je me mettrais volontiers à votre disposition, dans un de mes courts séjours à Paris. »

Au mois de mai je sus que Dupanloup était à Paris. J'allai le voir, rue du Regard, où il était descendu ; mais le nombre de visiteurs, ou plutôt de visiteuses, me fit partir après une heure d'attente. Je lui écrivis pour lui exprimer mes regrets, et en même temps je lui dis toute l'indignation causée en moi par la lettre que le ministre Baroche avait adressée aux évêques, à propos du mandement collectif publié par eux à l'occasion des élections. Je lui disais aussi que je lui étais très reconnaissant du ton si bienveillant, si affectueux de sa lettre, mais qu'il ne devait pas voir dans mon désir de connaître mieux le catholicisme le résultat d'un attrait exercé sur moi par les doctrines du catholicisme, que j'en étais plus éloigné encore que des doctrines protestantes. Il me répondit le 5 juin, de Lacombe, Domène (Isère) :

« Mon cher ami,

» J'ai reçu tardivement ici, dans ces montagnes, où je prends quelque repos, les lignes que vous avez bien voulu m'écrire.

» Je ne saurais vous dire combien j'ai été touché de votre bonne lettre et de la cordialité si loyale et si aimable avec laquelle vous me parlez.

» Et moi aussi j'ai vivement regretté que vous vous soyez trouvé chez moi au milieu de tout ce monde et de n'avoir pu vous voir un moment. Mais une autre fois, si vous prenez la peine de revenir, faites-moi remettre votre carte, et je m'empresserai de vous recevoir.

» Et il faut que je vous dise tout de suite ce qui sera un peu avec vous l'embarras, non de mon esprit, mais je dirai de mon cœur. Je me reprocherais, non point d'abuser, je ne m'en crois pas capable, mais même d'user de votre bonne amitié. Je ne veux point dire que le fond de ma pensée vis-à-vis de vous, comme vis-à-vis de toute âme que Dieu me fait rencontrer, ne soit pas de souhaiter pour cette âme la vérité pure ; non point pure de toute faiblesse chez les hommes qui en ont reçu, pour le transmettre, le dépôt ; mais enfin, la vérité de Dieu, pure, complète, la pleine lumière. Vous ne vous étonnerez pas sans doute que le vœu d'un Évêque catholique soit celui de saint Paul devant Agrippa : *Opto... etiam omnes... fieri qualis ego sum, exceptis his vinculis* (Act. xxvi, 29). Mais, malgré ce vœu que je ne puis cacher, ce que je puis dire, c'est que j'ai toujours eu le respect le plus profond pour la liberté des âmes ; et plus ce respect est mêlé, comme ici, d'estime et d'affection, plus il prend un caractère tendre et fort, qui le rend inviolable.

» Maintenant que je vous ai dit le fond de

ma pensée, je vous dirai volontiers que je vous verrais avec plaisir chaque jour, si vous vouliez, car la vérité est que, par votre franchise noble et généreuse, vous avez gagné mon âme, et je sens que je vous aime. Mais jamais, soyez-en sûr, je n'irai plus loin que vous-même et que la grâce et la lumière dans votre âme.

» Je me borne donc à vous redire ce que je vous disais, en répondant à votre première lettre et à votre propre parole : Demeurez croyant et chrétien, dans cette époque sceptique ; chrétien le plus ferme et le plus pur, le plus chaste, le plus généreux, le plus magnanime.

» Mais, je vous en prie, ne poussez pas votre magnanimité jusqu'à confier à la poste ce que vous m'écrivez en finissant votre lettre. La jeunesse n'aime guère qu'en fait de sentiments généreux, on lui prêche la modération et la prudence. Cependant, quoiqu'on m'ait reproché quelquefois, à tort, je l'espère, de manquer de l'une et de l'autre, vous me permettrez sur ces deux vertus d'être votre prédicateur ordinaire.

» Tout à vous bien cordialement en Notre Seigneur,

» † Félix, Evêque d'Orléans. »

Mes parents, à qui j'avais communiqué la lettre de l'évêque, s'inquiétèrent de cette correspondance inattendue et crurent que je m'étais adressé à Dupanloup comme à un guide spirituel, pour trouver auprès de lui une réponse à mes doutes. Je m'efforçai de calmer ces inquiétudes en écrivant à ma mère, le 16 juin :

Ton point de vue sur Dupanloup n'est pas tout à fait juste, et ce n'est point, du reste, de ce côté-là que tu dois craindre de me voir verser. Tout ce qu'il dit n'est que juste ce qu'il doit penser comme catholique et comme évêque, et il serait infidèle s'il ne le pensait pas ; quant à ce que tu appelles *habileté*, j'y vois tout simplement cette délicatesse de tour, je dirai même ces chatteries de style, si tu veux, dont on se sert lorsqu'on veut indiquer à quelqu'un un point sur lequel on est en dissentiment avec lui. Quant à ce que l'expression a parfois d'un peu exagéré ou d'un peu enflé, comme dans le passage des le plus, le plus ci, le plus ça... c'est en effet un défaut dans lequel les prêtres catholiques tombent quelquefois, les prêtres instruits du moins, par un commerce habituel avec Fénelon. Comme tu dis, il y a des personnes que je pourrais, beaucoup mieux que lui, prendre pour mes directeurs de conscience dans mes lectures. Mais je ne veux point du tout le prendre pour directeur de conscience, ni pour cela ni pour autre chose. Seulement, comme je me suis souvent demandé s'il était possible de se fixer un

cours de lectures régulières, au lieu d'aller lisant
au hasard à travers tous les livres qui vous tombent
sous la main, j'ai été curieux de savoir comment un
prêtre intelligent et à idées larges entendait pour
un jeune homme la lecture, c'est à dire la partie la
plus libre et la plus variée des études. Aucun de
mes coreligionnaires ne me rendrait ce même service, car aucun probablement n'y a songé, tandis
que l'évêque d'Orléans compose un livre sur ce sujet
et a d'ailleurs à sa disposition une fine et minu-
tieuse casuistique que, nous autres protestants,
nous repoussons comme pédantesque et tyrannique.
Voilà pourquoi je me suis adressé à M. Dupanloup
et non à un autre, et pourquoi personne ne me
rendrait le même service.

Je n'ai pas gardé copie de ma réponse à
Dupanloup, mais je sais y avoir abordé très
franchement la question religieuse, en lui re-
disant à peu près ce que j'écrivais à mon père,
en mars 1862, dans les lettres citées plus haut.
Je lui disais aussi, en le remerciant de son
vœu : *Opto omnes fieri qualis sum*, que c'é-
taient justement les *vincula* qui m'arrêtaient,
que je ne pouvais accepter aucun lien pour
ma pensée. Il me répondit, le 30 juin, de
Lacombe :

« Cher ami,

» Il y aurait bien un nom plus doux à vous
donner, et mon cœur s'y sentirait vivement

incliné, tant vous me laissez voir dans vos
lettres une confiance vraiment filiale. J'ai
rencontré dans ma vie bien des âmes de jeunes
gens, je les ai beaucoup aimées ; mais celles
vers qui l'attrait de mon cœur a toujours été
plus grand, ce sont celles qui dans l'épa-
nouissement de leur confiance me montraient
cette loyauté noble, cette candeur aimable,
cette sincérité courageuse qui se découvrent
en vous. Laissez-moi vous le dire, parce que
c'est vrai, et qu'il m'est trop précieux de voir
en vous ces dons de Dieu : j'ai rarement
rencontré un cœur plus droit et marchant
plus simplement et plus sincèrement vers la
vérité que le vôtre. Il faut bénir Dieu d'avoir
conservé ces aspirations élevées, ce goût des
choses supérieures aux sens, cet attrait vers le
bien et vers la lumière, qui ne vous préservent
pas seulement d'une vie souillée, mais encore
d'une vie légère, comme il y en a tant, là où
l'on s'attendrait à rencontrer la gravité et le
sérieux des pensées, et pouvant nous mener
plus loin encore.

» L'état d'âme que vous me révélez, ce
contre-coup involontaire du scepticisme qui
vous entoure et vous menace, en ce siècle
de peu de foi, n'a rien qui m'étonne. L'ancre
qui vous retient, c'est cette confiance en Dieu,
cette foi implicite que la bonté divine a con-

servée en votre âme. C'est beaucoup, cela, à votre âge, et dans le milieu où vous vivez. C'est ce que dit l'apôtre : *Accidentem ad Deum credere opportet quia est et inquirentibus se remunerator sit* (ad Hæbr. XI). Mais ce n'est pas tout, ce n'est que le premier degré : aussi vous voyez les paroles qu'ajoute l'apôtre : *Inquirentibus se remunerator sit.* Et si la foi implicite a quelque puissance pour garder du mal l'âme qui s'y retranche obstinément, comme dans son suprême abri, vous sentez vous-même qu'elle a peu de vertu pour donner une conviction profonde et efficace ; et il est bien manifeste que la croyance explicite est autrement puissante et féconde. Or, vous craignez que dans un siècle sceptique, une âme sincère et courageuse soit exposée à chercher toujours sans trouver jamais. Oh ! non, non, mon ami, il n'en est pas de la sorte. Quand on cherche, on trouve, c'est la vérité éternelle qui l'a dit, non pour les époques de transition seulement, mais pour toujours. *Quærite et invenietis et inquirentibus se remunerator sit.* Seulement il y a une manière de chercher. Il faut chercher avec sincérité, c'est ce que vous faites ; avec courage et persévérance, c'est ce que vous faites aussi, j'en suis sûr. Et si vous me permettez d'ajouter ce mot, chercher ce n'est pas seulement lire, réfléchir, étudier, et quelquefois à la sueur de son front ; chercher c'est encore prier, c'est à dire chercher avec Dieu, ne pas chercher seul : il y a donc une prière que je conseille à ceux qui n'ont rien de votre foi et que par conséquent votre foi chrétienne doit accepter. C'est, chaque soir, ou chaque matin, une invocation au Père céleste, telle que le cœur sait la trouver, pour qu'il nous envoie sa pleine lumière, et j'ajoute, enfin, parce que vous êtes digne que je vous tienne ce langage, que la plus efficace prière auprès de Dieu, c'est encore la pureté du cœur et de la vie.

» Mon cher ami, je vous ai parlé trop longuement peut-être ; vous le pardonnerez à mon affection : j'aime tant les âmes comme la vôtre ! Si du moins, j'ai pu vous faire quelque bien, et aider à ce que votre âme ne se décourage jamais, et que votre esprit reste toujours aussi chrétien que votre cœur.

» Votre ami en Notre Seigneur,

» † Félix, Evêque d'Orléans. »

Le ton de cette lettre me fit une impression pénible. Je crus y voir un désir d'agir sur moi par la flatterie, et je lui répondis, le 9 juillet, par une longue lettre où je crus devoir lui dire toute ma pensée. En voici les passages essentiels :

Ce que vous me dites sur la différence entre la foi implicite et la foi explicite est bien vrai, l'une donne bien plus de force que l'autre, parce que la première, nous poussant vers le vrai sans nous le montrer clairement, nous invite purement à la recherche, et la recherche paralyse l'action. La sécurité, la paix tranquille que donne la croyance ferme et heureuse, permet d'employer toutes nos forces pour faire du bien aux autres. Mais je ne sais s'il n'est pas possible qu'un esprit très sincère passe toute sa vie sans arriver à la connaissance entière de la vérité. Il est vrai que le désir d'arriver au vrai, joint au besoin de fixité qui est dans l'esprit de tous, détermine à un certain âge la plupart des hommes sérieux pour une doctrine ou pour une autre, qu'ils regardent comme la vérité, mais tous ne se déterminent pas pour la même. Je ne puis m'empêcher de regarder Zwingle, saint François d'Assise, Whitefield et Channing comme des hommes également sincères, également pieux. Tous ont cherché de même, tous ont demandé au même Dieu la vérité ; ils n'ont pas trouvé exactement le même trésor. Sans doute tous ont eu cette part de vérité qui se trouve sous les formes changeantes de l'adoration ; tous ont eu cette bonne part ; ils ont tous eu l'amour et la foi du cœur, mais leur esprit n'a pas été éclairé de la même manière, quel que soit d'ailleurs celui qui a eu la plus grande mesure de vérité. Ne peut-il pas se faire que d'autres esprits, moins amoureux de stabilité, mais enflammés d'un amour non moins grand pour la vérité, n'aient jamais pu se fixer à des formes et à

des dogmes déterminés, et cherchent sans trouver ?
Il y a des hommes, même parmi ceux dont je déteste
les doctrines, qui me semblent dans ce cas. Ils
m'inspirent vénération et admiration, et pourtant
ils sont sceptiques, ou ils ont des convictions qui
me choquent. Je ne vous en citerai que deux :
M. Schérer et M. Littré. Cette parole, « cherchez et
vous trouverez », a-t-elle été dite pour chaque
homme en particulier, ou pour l'humanité entière,
pour la courte période de cette vie, point fugitif mais
capital d'une existence éternelle, ou bien pour
toute notre vie immortelle, qui, à mes yeux, n'est
qu'un progrès infini dans la vérité et la sainteté ?
Et du reste, le principal pour l'homme, et aux yeux
de Dieu, n'est-ce pas de chercher ? Je dirais, en
modifiant le mot de Pascal : « Chercher, c'est déjà
avoir trouvé. » Le principal, c'est de chercher,
c'est à dire, d'aimer la vérité avec sincérité et
sérieux. C'est la preuve que l'on prend la vie pour
ce qu'elle est, pour une épreuve où il faut acheter
chaque progrès dans la vérité par une douleur.....
Chez nous, dès que l'enfant sait lire, on lui donne
une Bible. Tous les jours il la lit ; il en est fier, c'est
le signe de sa science ; il tient à suivre chaque jour
le culte de famille dans *sa* Bible, car dès lors, ce
n'est plus *la* Bible, c'est *sa* Bible. Nous vivons avec
elle ; à force de la lire, de réfléchir sur chaque
passage, nous y trouvons un écho à toutes nos pensées ; nous y trouvons tout, peut-être parce que
tout y est, peut-être parce que nous y mettons tout.
Toujours est-il que nous conservons dans notre jeunesse l'habitude de notre enfance. Les souvenirs les

plus purs de la vie de famille, les souvenirs les plus profonds des luttes morales de notre adolescence y sont contenus ; c'est un soutien, un conseiller, elle nous blâme et nous condamne ; elle nous console et nous apporte la joie.

Dupanloup me répondit d'Orléans, le 27 août, par une lettre d'un ton grave et simple, toujours affectueuse, mais sans abandon. Il avait compris que le normalien, neveu d'Adolphe Monod, en qui il avait peut-être rêvé un instant un néophyte, avait été mis sur ses gardes par ces caresses d'âme où il s'était laissé aller dans sa précédente lettre.

« Mon cher ami,

» Non, vous ne m'en écrivez pas trop long, et j'aime ces épanchements sincères, cette conversation du cœur, ces confidences de l'âme, sur des questions d'ailleurs qui touchent aux racines les plus profondes de la vie intime, et qui sont décisives pour l'éternité elle-même. Et je vous aurais répondu plus tôt si, depuis votre bonne lettre, je n'avais été constamment malade, et je le suis encore.

» Je dois vous le dire d'abord, pour répondre à un sentiment que vous m'exprimez : dans nos luttes de doctrine, dans notre défense de la vérité, nous distinguons toujours l'homme des erreurs par lui professées, et nous réservons toujours la question de bonne foi. De la bonne foi, Dieu seul est juge, juge souverainement équitable, appréciant tout dans sa justice et dans sa miséricorde, les obstacles et les secours, le malheur des temps, et la fidélité ou l'infidélité des hommes. Hélas ! il le faut avouer, l'être humain est très complexe, et malheureusement, plein d'inconséquences ; il y a des hommes qui valent mieux que leurs principes. Quoi qu'il en soit, c'est toujours un grand malheur, quand les lumières de l'esprit ne sont pas en rapport avec la bonté du cœur.

» Quant aux erreurs, nous ne pouvons professer pour elles ni indifférence ni complaisance ; nous les croyons funestes, et nous les combattons ; notre foi, en un mot, est une foi réelle, sérieuse, et non pas une opinion vaine. C'est la foi dont parlait saint Paul lorsqu'il disait : « Dieu nous a donné des Pasteurs et des Docteurs, un corps enseignant. Et pourquoi ? *Ut non simus sicut parvuli, ut non circumferamus omni vento doctrinæ.* »

» Voilà pourquoi le vrai chrétien ne cherche plus. Et tandis que les autres chancellent au milieu du sable mouvant des opinions humaines, lui, il se repose et demeure ferme dans la lumière de la foi ; et appuyé sur la vérité, il marche d'un pas sûr vers le but de la vie.

» Sans doute il y a *fides quærens intellectum :* car la vérité révélée, toute stable qu'elle est, progresse en un sens, c'est à dire que notre intelligence et notre connaissance peuvent et doivent progresser, et qu'il y a une vraie science de la foi. La vérité révélée est immuable comme Dieu même ; mais comme lui aussi, elle est immense. La foi catholique n'est en aucune sorte l'immobilité.

» Quant à l'homme qui n'a pas la foi, c'est pour lui un devoir de chercher. Vous me demandez si cette parole que je vous citais, *quærite et invenietis*, est dite pour chaque homme ou pour l'humanité, pour la vie présente ou pour la vie future. Je vous réponds : Elle est dite à la fois pour l'humanité et pour chaque homme, parce que Notre Seigneur a voulu le salut de tous et de chacun; pour la vie présente, parce que, bien qu'en un sens « notre vie immortelle, comme vous le dites, ne soit qu'un progrès infini dans la vérité et la sainteté », attendu que la vie éternelle, c'est la vision béatifique, et que dans cette vision, nous marcherons de clartés en clartés, nous pourrons puiser toujours sans épuiser la lumière : cependant c'est la vie présente qui décide irrévocablement de la vie éternelle ;

l'homme ne passe point par une série d'é-
preuves et de vies : « De quelque côté que
l'arbre tombe, il y reste. » C'est Notre Seigneur qui l'a dit. Nous, chrétiens, qui croyons
à la divinité de Jésus-Christ, nous ne pouvons
pas regarder sa révélation et sa rédemption
comme superflues ; la vérité et la grâce qu'il
a apportées aux hommes sont en dépôt quelque
part sur la terre : l'homme ne peut pas être,
après la venue de Jésus-Christ comme avant,
laissé à lui-même, à ses incertitudes déso-
lantes, à ses recherches sans fin ; si Jésus-
Christ est venu nous apprendre l'adoration, les
formes de l'adoration ne peuvent pas être indif-
férentes et changeantes. En un mot, s'il y a
eu une révélation et une rédemption, il y a une
religion positive divine. Heureux ceux qui en
cherchent la pleine lumière ! Plus heureux
encore ceux qui l'ont trouvée ! Chercher, ce
n'est pas avoir déjà trouvé. Mais si la recherche
est aussi pure, sincère et courageuse qu'elle
doit l'être, un jour ou l'autre, au moment
marqué par Dieu, on trouvera. Compatissons
à ceux qui cherchent et n'ont pas trouvé
encore, et encourageons-les de tout notre
pouvoir.

» Sans aucun doute, la Bible est *la parole
de Dieu, la loi*, comme disait autrefois Israël :
mais parole muette, loi sans interprète. Voilà

pourquoi, quand on ne consulte qu'elle, on y trouve tout, parce qu'on y met tout, et voilà pourquoi aussi il y a des jours « où la lecture de la Bible semble froide », comme vous me le dites. Mais il n'y a que les catholiques fidèles pour lesquels ce soit une lumière qui ne vacille jamais, et qui éclaire et fortifie toujours. Mais je touche ici le point fondamental de nos divergences. Je m'arrête. Continuez, mon cher ami, à chercher comme vous le faites, et je continuerai, moi, à prier de tout mon cœur pour votre âme. Dieu sait si vous croirez un jour comme moi. En attendant cette communion de croyance, laissez-moi embrasser toujours votre âme dans une communion de charité et d'espérance.

» † FÉLIX, Evèque d'Orléans.

» Donnez-moi des nouvelles de tous vos condisciples. »

Il me sembla que cette lettre, si belle et si simple, appelait un simple remerciement et non une réponse, et qu'il serait indélicat d'entretenir des espérances auxquelles je ne pouvais répondre, et de prendre au grand évèque un temps qui était réclamé par des intérêts plus importants. Je me contentai de le prier de ne pas nous priver plus longtemps du plan de lectures qu'il nous avait promis et qui avait motivé notre correspondance.

En même temps, ma pensée continuait son évolution dans le sens où elle s'était engagée dès 1861 ; elle ramenait de plus en plus la religion à l'observation de la loi morale ; voyait de plus en plus dans le Christ le plus parfait modèle de l'humanité, dans la Bible le plus beau livre qui soit sorti de la main des hommes, et en Dieu la loi suprême, infiniment bonne, mais incompréhensible, du monde. Quelques citations feront bien comprendre cette évolution.

25 avril 1864 : Tu me dis que je n'ai que la philosophie pour armure contre le mal. Je songe aussi peu à me servir de la philosophie comme armure, que toi de la théologie. Est-ce donc avec des idées qu'on combat le mal, ou avec des sentiments et avec des volontés ? Est-ce avec des formules sur Dieu ou avec le secours de Dieu ? Après tout, qu'est la vie pour le chrétien ? C'est la lutte contre le mal. Quelle arme a-t-il contre le mal ? Sa volonté fortifiée par Dieu même. Comment se met-il en communication avec Dieu ? Par la prière. Si la vie des chrétiens est autre chose que cela, je n'ai jamais rien compris à l'Évangile. Mais c'est ainsi que je conçois la vie. Il y a une terrible position, dans laquelle se trouvent beaucoup d'âmes de notre temps, et que je voudrais à tout

prix éviter ; elles se trouvent dans la nécessité ou bien de retourner vers ce qui, pour eux, est en arrière, ou bien de rompre avec tout leur passé, pour s'avancer vers ce qu'ils regardent comme l'avenir. Ne peut-on ne pas garder tout ce qu'il y avait de bon dans ce qu'on a reçu et en faire le point de départ de progrès nouveaux? Pourquoi le catholicisme éloigne-t-il tant d'hommes de la religion? C'est parce que, se donnant pour la forme infaillible, absolue, de la religion, du moment qu'on cesse de croire à deux ou trois de ses dogmes, on cesse d'avoir aucune religion. Chez nous, la religion est moins liée au dogme, et la foi ne périt point avec les croyances. En admettant que cet avenir, cette vérité que nous cherchons soient trompeurs, et que nous ne fassions qu'avancer d'erreurs en erreurs, n'est-il pas doux pourtant, et heureux, de conserver toute la substance morale du christianisme de son enfance, et de se dire qu'on diffère de ceux qu'on aime, non par le cœur, mais par le temps, par tout ce qui est extérieur ; et que plus tard on se retrouvera plus près du même Dieu qu'on avait adoré et aimé sans le connaître, en lui donnant des noms différents, faits pour notre faiblesse et par notre faiblesse, et qui exprimaient aussi mal les uns que les autres toute sa sublimité?... Je suis fort peu philosophe, ne croyant pas du tout à la raison. Le cœur, le sentiment, me semblent seuls compétents en matière religieuse. Je me crois chrétien et m'efforce de l'être par mes sentiments et mes actes.

Juin 1864 : Ceux qui font trop de Dieu un père de famille, un homme admirable, qui le traitent par trop de tu à toi, qui parlent des mystères de la religion comme si c'était une chose toute simple, parce qu'ils ont répété les mêmes mots de grâce, salut, rédemption, trinité..., malgré leur foi profonde souvent, me font moins sentir la petitesse de l'homme devant Dieu que ceux qui font sentir combien Dieu est incompréhensible, qu'il est l'infini, l'absolu, combien il dépasse notre entendement, combien nous sommes imbéciles devant ces grandes vérités. Comme on sent alors combien on se représente grossièrement les choses divines, combien notre imagination les défigure en voulant se les représenter, et l'on fait de nouveau à Dieu la question que lui fit Jacob, la question que lui fait toute l'humanité, et que les hommes lui feront toujours, tant qu'ils ne pourront le voir face à face et le connaître comme ils ont été connus : « Quel est ton nom ? » Dieu ne nous répond pas sur cette terre; il se contente de nous faire sentir notre faiblesse et de nous bénir. Dieu bénit ceux qui le cherchent d'un cœur pur.

Novembre 1864 : Après avoir cru pendant deux ans que la vie commune de l'Ecole étouffait et desséchait mon cœur, je le sens renaître plus vivace dans le silence de la solitude de la dernière année. Mes plus chers sentiments ont pu être refoulés, mais la sève est au dedans. Au lieu de s'éparpiller en rêveries vagues, elle se concentre en pensées nettes, en attendant qu'elle se réalise en bonnes actions. Quoique j'aie perdu la foi au surnaturel — ce qui est le christianisme pour la majorité des hommes — j'ai, grâce à Dieu, une foi plus vive en lui, en la vérité qui luira un jour ici-bas ou ailleurs pour moi et pour tous.

24 décembre 1864 (fragment de mon journal) : A vrai dire, je n'ai jamais été un croyant, au sens où les rigides prennent ce mot. Au moment même où j'avais le plus de foi, à l'époque de ma première communion, du printemps 1861 au printemps 1862, j'avais un grand plaisir à lire les livres hérétiques, c'est-à-dire libres d'esprit, à la société du semi-hérétique Charles ou du complet hérétique Steeg. Je puis me rendre cette justice que je n'ai jamais anathématisé, ni en paroles, ni en pensée, les héré-tiques, voire même les athées. J'ai cru, mais j'ai compris qu'on ne crût pas. On ne saurait que difficilement rester dans un tel état. Pour se main-tenir dans l'hyperbole et le paradoxe, il faut haïr le bon sens et la vérité. Les tolérer, c'est les admettre, et du moment que l'on croit l'examen permis, la raison bonne à quelque chose, si on est sincère, si l'on n'est pas circonvenu par une atmosphère mauvaise, on rejette les hautains paradoxes de la foi. Je l'ai quittée, non parce qu'elle me gênait ; elle ne m'a jamais gêné, au contraire. Je l'ai quittée par l'investigation lente de l'histoire, en m'étu-diant, en étudiant les hommes. C'est dans l'homme, dans l'étude de ses facultés, de ses besoins, de sa conscience, c'est là qu'est le salut, la seule base

solide d'une morale, d'une religion, d'une vie, d'une société bien faites.

Mais celui-là est un esprit borné, un cœur sans noblesse, qui ne sait point lever ses yeux de terre, qui croit que rien n'existe que ce qu'il voit et ce qu'il touche. Mais il y a quelque chose, quelqu'un, de suprème, d'absolu, d'infini, qui vit en nous et en qui nous vivons, que la nature nous montre et nous cache à la fois, que notre conscience nous révèle, que cherche notre intelligence, qu'aime naturellement notre cœur. C'est à lui que s'élèvent les plus nobles aspirations de notre nature, l'amour du bien, l'art, la poésie, la philosophie, la prière. C'est en lui qu'elles vivent. Elles naissent de notre communion avec lui.

J'espère qu'après la mort, les efforts faits durant ma vie terrestre pour me rapprocher de cet idéal de perfection et de beauté, auront rendu mon âme, la partie immortelle de mon être, digne de revêtir une forme plus parfaite et d'entrer dans une communion plus intime avec le bien absolu auquel elle tend. Que sera cette vie que j'espère ? Nul ne le sait. Mais je puis dire avec une foi entière, avec la confiance de l'enfant envers son père : « Mon Dieu, je remets mon esprit entre tes mains. Que ton règne vienne ! Il viendra, le jour de la Vérité ! C'est là ma foi. »

On peut imaginer ce que j'éprouvai en février 1865 quand je lus l'*Avertissement aux Pères de famille*, de Mgr Dupanloup, où il

attaquait avec une incroyable violence Littré,
Renan, Taine, Michelet, et les dénonçait aux
rigueurs du bras séculier. Je lui écrivis pour
lui dire ma tristesse en lisant de lui des lignes
qui me paraissaient empreintes d'un esprit si
différent de celui qui animait ses lettres de
1863. Je lui parlais de Michelet en particulier,
et des sentiments d'admiration et d'affection
qu'il m'avait inspirés. Je reçus la réponse
suivante :

La Seyne, 27 février 1865.

« Monsieur,

» Je ne puis qu'être touché de votre bonne
lettre et de la franchise avec laquelle vous me
parlez.

» Je regrette que vous ne me disiez pas
quels sont les points particuliers de ma bro-
chure qui vous font quelque peine.

» Quant au maître dont vous me dites que
vous êtes devenu le disciple, je ne puis que
vous en exprimer mon regret. Votre esprit,
votre cœur, votre caractère m'avaient paru
digne d'un meilleur enseignement. Quoi qu'il
en soit, je n'ai pas oublié ce que j'ai trouvé
en vous de droiture et même d'affectueuse
sympathie et je serai heureux si vous me
donnez quelque jour l'occasion de vous voir.

» Croyez en tous mes bien dévoués sentiments en Notre Seigneur.

» † Félix, Evêque d'Orléans. »

Ce fut là l'épilogue de notre correspondance.
Trente-sept ans se sont écoulés depuis lors.
Bien des choses ont changé en moi et autour
de moi, et mon esprit, aussi désireux de vérité
et aussi difficile à satisfaire que lorsque le
problème religieux lui apparut pour la première fois, a parcouru une longue route sans
avoir cru trouver l'abri que rien n'ébranle ni
la source qui suffit à désaltérer. Et pourtant,
si je repasse les pages où s'exprimait le con-
fiant enthousiasme de mes seize ans, je trouve
que j'ai moins changé que l'on ne pourrait
croire, que je n'ai cru moi-même autrefois.
Certes, je ne récrirais pas tout ce que j'écrivais
alors, et pourtant aucun abîme ne s'est ouvert
sous mes pieds, où mon idéal moral ait risqué
de sombrer, aucun abîme ne sépare mon adolescence de ma vieillesse commençante. Quand
Faust fait à Marguerite sa déclaration pan-
théiste, celle-ci lui répond : « Le prêtre dit à
peu près les mêmes choses, mais pas avec les
mêmes mots. » Moi aussi, je pense et je sens
comme en 1861 et 1862, mais je n'emploie
plus les mêmes mots. Ma conception de la vie

est toujours essentiellement chrétienne. Jésus est toujours pour moi le maître par excellence, le seul qui parle clairement et souverainement à mon cœur. Et je crois en Dieu avec encore plus de certitude qu'alors, si c'est croire en Dieu que de croire qu'une loi supérieure gouverne le monde, loi d'ordre, d'harmonie et de bonté, à laquelle nous obéissons quand nous faisons le bien. Si je ne donne pas à ce Bien suprême le nom de Père, c'est que je me refuse à l'enfermer dans une formule prise à notre condition humaine ; mais je regarde à lui avec un sentiment de dépendance, de vénération et d'amour que je ne puis pas ne pas appeler filial.

Dole-du-Jura. — Imprimerie GIRARDI et AUDEBERT.